D1748417

Margret Giesler

Quatsch, Bäume können doch nicht fliegen

**Geschichten aus aller Welt
von gestern und heute**

illustriert von Kindern

Ich betrachte den Frühling, als
ob er mir allein käme, um
dankbar zu sein

Friedrich Hebbel

Danke

Den fleißig malenden Kindern und guten Zuhörern.

Der internationalen Frauengruppe aus Hochdorf, für die schwierige Aufgabe, der Auswertung der Bilder. Meinem Mann, meiner Tochter Iris, Gisela Bremer, Martina Kosina und allen, die mich wieder liebevoll unterstützt und mir geholfen haben, sodaß ein neues Buch entstehen konnte.

Jede Geschichte eignet sich gut für Schulprojekte über Land, Leute, Natur.

Jedes Bild ist etwas Besonderes!

Hochdorf 1999   Margret Giesler

Copyright: Margret Giesler
           73269 Hochdorf, Rosenweg 6/1
           Tel.: 07153/51758
Layout: Siegfried Driess
Druck: HERBA-DRUCK+VERLAG GMBH Plochingen
ISBN: 3-87330-114-8
           Alle Rechte vorbehalten

Inhaltsverzeichnis

Navajo 5
Traum des Lebens 9
Der neugierige Esel 17
Osmans Nachtwanderung 21
Der kleine goldene Vogel 26
Angelo. 32
Geschichten der Hirten am Feuer. 38
Der Kristall 45
Von einem der ausflog das Fürchten zu lernen. . . 51
Der Ochse Nagosa 58
Simon Sauerkohl. 65

Titelbild: Zeichnung von Patrik Walter,
9 Jahre, Klasse 3b, Schillerschule Filderstadt-Bonlanden

Vorsatzblatt: Zeichnung von Damla Demir, 9 Jahre
Grundschule Jesingen

"Kaly der Indianerjunge"
gemalt von Simon Weber, 8 Jahre, Klasse 2a
Grundschule Hochdorf

Navajo Blut

Der Indianerjunge Kaly, vom Stamm der Navajo, ritt stolz ohne Sattel durch die Weite der Steppe.
Er träumte ein bisschen. Bald war sein Geburtstag. Wenn er bis dahin eine große Tat vollbracht hatte, bekam er einen anderen Namen und gehörte zu den Großen!
Vielleicht bekam er einen Namen wie sein Bruder, der "Schwarze Adler" oder wie sein Onkel, der mit einem Bären gekämpft hatte. Er hieß "Starker Grizzly".

Sein Großvater hieß "Fliegender Pfeil". Er war der schnellste Reiter, wirklich wie ein Pfeil. Sein Vetter hörte auf den Namen "Starker Berg". Er hatte eine kranke Frau auf den Armen über einen großen Berg zum Medizinmann getragen.

Wenn er den weißen Adler, der über ihm am Himmel kreiste, mit einem Pfeil herunter holen würde, gäbe das bestimmt einen guten Namen. Aber wo war der Sinn, ein Tier so zu töten?
Oder sollte er durch den schwarzen Fluß schwimmen?
Das wäre auch ein schöner Name. Aber, ach, da waren so viele Krokodile. Womöglich würde er gefressen und starb als dummer Kaly.

Kaly sagte zu sich selbst: Wenn du jetzt nicht aufhörst zu träumen, heißt du zum Schluß "Träumender Reiter".
Sein Pferd bäumte sich auf und wieherte, es wollte nicht über den kleinen Busch springen. Ruhig! sagte Kaly. Was ist denn los?
Dann sah er eine Bewegung im Gebüsch.
Er sprang vom Pferd und schon hatte er einen kleinen verletzten Hasen im Arm.

Jetzt war Kaly ganz wach. Er wußte viel über kranke Tiere und hatte schon vielen Tieren geholfen. Er konnte Tiere nicht leiden sehen.

Der kleine Hase wurde in ein Tuch gewickelt und ganz vorsichtig über die Schulter gehängt. Kaly ritt schnell nach Hause.

In der Nähe der Lehmhütte seiner Eltern wußte Kaly eine kleine Höhle. Dort hatte er schon oft Tiere gesund gepflegt. Er hatte mehrere kleine und große Holzställe und Absperrungen angelegt.

Nun untersuchte er das Häschen: Es hatte Schürfwunden und Kratzer. Kaly legte Blätter mit Heilwirkung und Moos zur Kühlung auf. Manchmal holte er auch Rat und Salben bei seiner Großmutter.

Der kleine Hase bekam ein trockenes Lager und Futter. Kaly war tagelang mit dem kleinen Hasen beschäftigt. Er machte seine Arbeit, wie immer, gut. Er merkte nicht einmal, dass sein Clan ein Fest vorbereitete, nämlich seinen Geburtstag.

Am Morgen weckte ihn sein Vater schon sehr früh: Kaly, wach auf! Heut ist dein Geburtstagsritual. Freust du dich denn nicht? Kaly hatte es tatsächlich vergessen. Nach dem Ritual kam er mit seinem Vater auf den Platz.

Viele, viele Navajo-Indianer saßen dort. Sie hatten sich versammelt, um mit Kaly zu feiern. Sein Vater hielt eine lange, gute Rede. Er lobte Kalys Tapferkeit und klatschte zur Bestätigung in die Hände.

Dann kam der große Moment: Sein Name wird nicht mehr Kaly sein, sondern "Kranker Hase".
Kaly wollte sich gerade wundern, als die Indianermenge tobte und gratulierte.

Als am nächsten Morgen die Feier zu Ende war, sagte sein Vater: Höre, Kranker Hase! Du wirst bald verreisen. Du sollst ausgebildet werden als bester Tierarzt des Navajo-Clans. Jeder wird bald deinen Namen kennen: Tierheiler "Kranker Hase"

Traum des Lebens

Ana-Rosa rannte, schneller und schneller.
Ihr Herz raste auch. Ihr Haar klebte nass an ihrer Stirn.
Weiter, weiter.

Nun bekam sie auch noch Seitenstechen, nicht stehen bleiben.
Sie lief nicht mehr ganz so schnell, der Mann immer hinter ihr her.
Sie war schneller.
Er fuchtelte mit hoch geworfenen Armen in der Luft herum und schrie etwas.
Ana-Rosa verstand kein Wort. Ein Ausländer, sie hatte Angst.
Er schrie wieder: Lauf doch nicht fort, ich bin dein Vetter aus Deutschland.

Endlich hatte sie den großen alten Olivenhain erreicht.
Sie raste im Zickzack zwischen den alten Olivenbäumen hin und her.
Mit einem Satz war sie in ihrem alten hohlen Olivenbaum verschwunden.
Sie duckte sich ganz tief.
Sie versuchte langsamer zu atmen.

"Ana-Rosa und die Taube mit dem Ölzweig"
gemalt von Andrea Michaela Siegel
10 Jahre, Grundschule Neckartenzlingen

Ihr Herz hörte sie noch immer bis laut in den Kopf.

Ruhe.

Nichts war zu hören außer den Grillen, die waren immer zu hören, das Geräusch kannte sie gut, sie konnte hindurch-hören.

Nichts.

Ob der Mann aufgegeben hatte?
Hier fand sie niemand!

In diesem alten Hain wuchsen schon seit hunderten von Jahren Olivenbäume. Rau zerrissen war ihre Rinde, die meisten waren hohl und schief.
Doch hier wurden genau so viele Oliven geerntet, wie weiter drüben in den jüngeren und jungen Olivenwäldchen.

In der ganzen Welt, hatte ihr Vater gesagt, gibt es portugiesisches Olivenöl und eingelegte Oliven.

Natürlich, unten im Rio Tejo gab es auch noch viele Früchte: Orangen, Zitronen, Kiwi, Erdbeerfelder, Gemüse, ... Ja, Portugal ist ein sehr fruchtbares Land.

Aber hier in Sao Geraldo gab es eben sehr viele Olivenbäume und davon hatten ihre Eltern genug.

Schon als Kind war Ana-Rosa gerne fortgelaufen und hatte sich in hohlen Olivenbäumen versteckt.

Doch dieser war ihr Lieblingsbaum. Es war immer schön, ja sogar der Regen und Wind konnten Ana-Rosa nichts antun. Aber das Wichtigste war, man konnte richtig schön träumen.

Im Traum kam dann immer eine wunderschöne Taube. Die gab ihr einen Ölzweig. Dann führte sie Ana-Rosa fort. Sie flogen zu anderen Menschen, Städten, manchmal bis ins Nachbarland Spanien. Oder ans Meer, an das blaue herrliche Meer, mit seinen zerklüfteten Felsen und dann wieder weite weiße Sandstrände.

Ja, da war die schöne bunt schillernde Taube wieder. Sie hatte wieder einen Ölzweig im Schnabel, den sie Ana-Rosa gab, und schon flog sie durch ihr Land, durch Portugal.

Zuerst sah Ana-Rosa ihren riesigen Olivenhain von oben.

Oh, das da unten war das Haus und ihre Eltern und noch mehr Menschen, sie standen wie im Kreis, als wollten sie tanzen. Alles sah so winzig klein aus.

Der Flug ging über das schöne Flussgebiet des Tejos. Ana-Rosa glaubte die herrlichen Früchte zu riechen. Es lag ein süßer Duft in der Luft.

Ein großer Wald versperrte ihr nun die Aussicht auf die Stadt, doch nun sah sie die weiß gestrichenen Häuser, die Fenster waren blau eingerahmt.

Da, jetzt sah sie eine Burg, sie stand da, fest - trotzig grau - auf dem Hügel. Davon gab es eine Unmenge in Portugal, auch Schlösser, die meisten waren umgebaut in wunderschöne Hotels, man nennt sie Pousadas.

Die Landschaft war jetzt hügeliger geworden. Die Hänge voll von grünen und blauen Weintrauben, immer wieder riesige Olivenhaine. Dann wieder ein Wald. Dunkle volle Eichenbäume, die irgendwie nackt am Stamm aussahen. Ach ja, Vater hatte ihr erzählt: Das sind die besonderen Eichbäume, Korkeichen, die alle 7 Jahre geschält werden, aber nur am Stamm, damit es große Stücke Rinde gibt. Die Zweige sahen wirklich dick knorrig und lustig aus.

Die großen Korkplatten werden auf Lastwagen in die Fabrik gebracht. Ja, und dann wird daraus alles gemacht, was man eben aus Kork machen kann, Fußbodenbeläge, Isoliermaterial und Flaschenkorken für die ganze Welt. Das kannte Ana-Rosa von vielen Weinflaschen. So wurden also viele wichtige Dinge in ihrer Heimat hergestellt.

An anderen Bäumen, ein Stück weiter, hingen halbierte Blecheimer an den Stämmen. Es waren Kiefern, sie waren am Stamm aufgerissen. Es tropfte langsam, aber ständig ein weißer dicker Saft in den Eimer. Ana-Rosa wußte, das war Harz für ätherisches Öl, das man bei Krankheiten zu Heilzwecken benutzt.

Oh, wie wunderschön! Ana-Rosa sah nach langem Flug mitten in einem Wald ein Schloss.
Rote Ziegel und vergoldete Türme schmückten das riesige, schöne Schloss.

Von hier oben, nur ein Stückchen weiter, sah man tief unten das große blaue Meer. Weiße Schaumkronen tanzten auf der unendlichen Weite des Wassers. Ganz, ganz weit hinten wurde das Meer mit dem blauen Himmel eins, wie aneinander geheftet.

Ana-Rosa schaute aber lieber zum Schloss. Es war schön wie im Märchen. Das konnte nur die Stadt Sintra sein.

Große Treppen führten hinunter auf viele Wege, bis zur großen Mauer war viel Platz für Büsche und Blumen.

Jetzt fuhr eine reich verzierte Kutsche auf dem Weg zum Schloss. Geschmückt wie zu einem Fest. Auch die Pferde vor der Kutsche waren bunt herausgeputzt. Ihr goldenes Zaumzeug klingelte bei jeder Bewegung und glänzte in der Sonne.

Bunt gekleidete Damen gingen zur Kutsche, ihre Kleider waren sehr weit und reichten bis zum Boden. Überall waren Spitzen und Rüschen, auf dem Kopf hatten sie schöne dünne Spitzentücher.

Ana-Rosa, musste lachen. Es sah so witzig aus, wie die Damen sich bemühten, die Fülle von Kleidern in die Kutsche zu zerren und zu stopfen. Aber alle waren fröhlich und redeten und lachten, sie freuten sich wohl auf ein besonderes Fest.

Ein Mädchen in einem weißblauen, bodenlangen Kleid stand auf der Terrasse und weinte bitterlich.

Ein schwarz gekleideter Mann mit weißen Handschuhen sprach leise, aber bestimmt mit dem Mädchen:
Alice, so hör doch, man darf nicht immer fortlaufen. Komm, geh mit mir ins Schloss.
Nein, nein! schrie Alice. Ich will nicht lernen, ich will auf das Fest. Ihre schwarzen langen Locken wirbelten heftig um ihren Kopf.

Auch kleine Leute haben Pflichten und ihre Aufgaben, das Leben ist nicht nur ein Spiel.
Man muss oft etwas tun, das man nicht mag und im Moment nicht verstehen kann.

Komm, kleine Alice, geh mit mir ins Haus und sei ein bisschen fleißig. Man kann nicht immer fortlaufen, dann darfst du nächstes Mal sicher mit auf das Fest.
Als Ana-Rosa Alice mit dem Mann fortgehen sah, fiel ihr etwas auf.

Alice sieht aus wie ich, ist trotzig wie ich, läuft fort wie ich, versteckt sich, hat Angst, anstatt bei Gefahr mit den Eltern zu reden.

Ana-Rosa wachte auf, sie sah noch ihre Lieblingstaube auffliegen mit dem Ölzweig im Schnabel. Sie hörte ihren Namen rufen. Sie erkannte Vaters Stimme.

Nun riefen auch ihre Mutter und ihr Bruder José:
Ana-Rosa, wo bist du?
Schnell schlüpfte sie aus ihrem Baum und antwortete:
Hallo, hier bin ich!

Schon war sie umringt von ihrer Familie.
Da bist du ja. Wo warst du? Warum bist du von zu Hause fortgelaufen?
Ich hatte Angst.
Das hatten wir auch um dich!

Im Kreis um sie herum stand auch der Mann, vor dem sie fortgelaufen war.
Ich hatte Angst vor dem da.
Wärst du zu Hause geblieben, hättest du erfahren, dass "der da" dein Vetter Antonio aus Deutschland ist. Er wird bei uns die Ferien verbringen.
Leider spricht er kein Portugiesisch, sondern nur Deutsch, sagte der Vater.

José meinte, das werden wir schon hinkriegen!
Wenn man will, versteht man sich in jeder Sprache.
Ana-Rosa gab Antonio die Hand und sagte " Olá, bom dia e desculpa.
Hallo, guten Tag und Entschuldigung.

Der neugierige Esel

Dimitros lebte in Griechenland. Er lebte gerne dort. Es duftete fast immer nach Blumen und es war meist warm.

Gestern war es windig gewesen, und überall lagen Blätter und Blüten herum. Nun hatte Dimitros den Vorplatz des großen Hauses gefegt.
Er wollte jetzt endlich unten im Dorf am Brunnen Wasser holen. Kam er wie heute recht spät, musste er sich lange anstellen und das laute alberne Geschwätz der Frauen mit anhören.

Er lebte viel lieber oben auf dem Berg mit seiner Frau. Er war ein guter Hausmeister und Mann für alles, was sein reicher Herr, Herr Paskalides, wollte. Seine Frau war im Haus und in der Küche tätig.

Nun war er also fertig, alles war sauber. Herr Paskalides konnte zufrieden sein.

Dimitros bepackte den kleinen Esel mit leeren Wassersäcken. Beide gingen schnell die Serpentinen des Berges hinunter.
Das Eselchen hatte es, wie immer, bergrunter sehr eilig, wedelte freudig mit dem Schwanz und spielte,

"Der neugierige Esel"
gemalt von Isabell Arnold
9 Jahre, Grundschule Ostfildern

kaum dass der Dorfplatz in Sicht war, mit seinen Ohren.

Es war ein buntes Treiben am Brunnen. Bunt gekleidete Mädchen, schwarz angezogene Frauen sprachen und lachten alle durcheinander.
Dimitros´ Eselchen schrie immer wieder laut sein Iah dazwischen, als wollte er mitreden.

Dann stritten sich gar zwei Mädchen. Eine ältere Frau ging dazwischen und sagte: Hört auf!

Das Eselchen rief auch jetzt wieder laut sein Iah. Alle mußten lachen und es war wieder friedlich am Brunnen.

Nur Dimitros störte das laute Getue. Als er an der Reihe war, füllte er schnell die Wassersäcke und belud sein Eselchen.
Komm nur schnell fort von hier. Für heute ist es genug. Aber der kleine Esel sperrte sich richtig und wollte nicht mit Dimitros gehen.

Dimitros zog und zog, wieder mußte er das Lachen der Frauen aushalten, das ihn sehr störte. Komm endlich, du neugieriger Esel, sonst bekommst du die Peitsche!

Der Esel wußte, Dimitros hatte gar keine Peitsche. Er ging drei Schritte, bremste ab und stand wieder da, rief wieder laut Iah! Und wedelte mit dem Schwanz. Seine Ohren spielten in Richtung der Frauen. Er wollte doch nur hören, was sie sprachen und worüber sie lachten, auch wenn ihn das gar nichts anging. Es war doch so lustig, immer wieder hallte laut das Iah über den Dorfplatz.

Um Dimitros nicht zu verärgern, ging er immer wieder ein paar Schritte. Dann blieb er stehen, rief laut Iah! und seine Ohren richteten sich in Richtung der schwatzenden Frauen und Mädchen.

Ein kleines Mädchen kam mit seiner Mutter. Sie wollten wohl auch zum Brunnen. Die Mutter hatte einen großen Tonkrug auf dem Kopf! Das kleine Mädchen blieb stehen. Es schaute vergnügt den kleinen Esel an, der nicht laufen wollte. Schau, Mutter, sagte es, der Esel lacht und seine Ohren wachsen!

Komm, sagte die Mutter, geh weiter und sei nicht so neugierig wie dieser Esel, sonst wachsen dir auch noch so lange Ohren. Jetzt hatte Dimitros´ Esel etwas gehört, und das gefiel im gar nicht.
Nun lief er brav den Berg hinauf nach Hause.
Seit dieser Zeit haben Esel längere Ohren als Pferde.

Osman´s Nachtwanderung

Osman war ein alter erfahrener Hirte. Viele Jahre schon hatte er große Herden Schafe gehütet. Er war mit ihnen durch die Türkei gezogen, bergauf und bergab.
Nachts hatte er an den Nachtfeuern der Karawansereien übernachtet, den Märchenerzählern zugehört, mit den anderen Nomaden des alten türkischen Volkes gesessen, gespielt und geschlafen, am nächsten Tag ging jeder seinen Weg und seiner Arbeit nach. Bis zum Abend suchte man eine andere Karawanserei auf und hörte den Geschichtenerzählern zu.

Viele kannten sich schon lange Jahre und immer wieder hörte man Neues aus der Welt. Im Innenhof der Karawanserei war jeder vor Kälte und Dieben sicher.

Doch Osman war inzwischen abgehärtet. Er vertrug die Kälte der Nacht und die Hitze am Tag.Er besaß nur das, was er auf dem Körper trug und seine Schafe.

Also, was sollte man ihm stehlen? Das war bei den Händlern und Kaufleuten anders. Die hatten kostbare Handelsware, Seide, Felle, Leder, kostbare Kräuter und viel, viel Çay-Tee. Deshalb mußten sie im Schutz des Karawanserei bleiben.

Es war eine kalte klare Nacht.
Osman hatte schon während des Tages viel trockenes Holz gesammelt und auf den Esel geladen, der auch sein Wasser, Felle, Decken, Kochtopf und den Zaun für die Schafe trug. Jetzt saß Osman gemütlich am Feuer. Die Schafe waren eng eingezäunt, wärmten sich gegenseitig. Sie waren ruhig.

Osman sah zu den Sternen. Er überlegte, ob da oben wohl auch Menschen lebten, ob es Hirten und Schafe gab.
Er goß sich noch einen starken, heißen Çay auf, schlürfte ihn laut. Dann döste er vor sich hin.
Draußen war es, schön warm eingepackt, doch am Schönsten.

Was war das? Es wurde unruhig in der Herde. Ein Mutterschaf blökte. Osman stand auf, um nachzusehen. Der Zaun war an einer Stelle umgekippt. Osman sah gerade noch, wie ein Mutterschaf davonlief.

Osman mußte jetzt ganz wach sein, er mußte schnell arbeiten. Der Zaun mußte aufgestellt werden. Es durfte keine Unruhe unter die anderen Schafe kommen, sonst brachen sie möglicherweise durch, was schrecklich wäre. Aber es blieb ruhig. Schlimm genug, dass ein Schaf davon gelaufen war.

Osman holte seine Lampe, zog den Umhang fester um die Schultern und drückte seinen Filzhut tiefer ins Gesicht. Er mußte nun nachsehen und das Schaf suchen. Er lief ruhig durch die Nacht, um zu hören, wenn das Schaf wieder blökte, damit er die Richtung fand.

Osman mußte einen buschbewachsenen Hang hinauf und wieder hinunter. Gott sei Dank war die Nacht klar. Osman konnte ganz gut die Umrisse der Bäume und Sträucher erkennen.
Manchmal erschrak er ein wenig, wenn ein Vogel aufflog, den er in der Nachtruhe gestört hatte. Einmal wäre er fast über einen Hasen gestolpert. Der suchte aber schnell in großen Sprüngen das Weite.

Dann kam Osman an einen tiefen Abhang. Mußte er dort hinunter? Er horchte in die Tiefe und rief leise: Komm, komm, komm. Ja, jetzt hörte er etwas ganz tief in der Dunkelheit rascheln. Osman freute sich, als er Blöken vernahm. Also mußte er hinunter, denn kein Schaf darf verloren gehen. Vorsichtig stieg er abwärts. Es war steil und kein Weg zu erkennen.

Immer wieder brachte er Steine ins Rollen. Er mußte noch mehr aufpassen beim Auftreten, damit kein Stein sein Schaf erschlug. Die scharfen Büsche und Zweige zerkratzten ihm das Gesicht und die Hände.

"Osman`s Nachtwanderung"
gemalt von Franke Ossenberg-Engels
8 Jahre, Klasse 3d, Teck-Schule Wernau

Endlich sah er das Mutterschaf. Aber was war das, was lag da? Das war kaum zu glauben.
Ein neugeborenes Schäfchen lag bei der Mutter.

Nun verstand Osman die Geschichte! Das Schäflein war in der Herde geboren, durch den Zaun geschlüpft und die Mutter natürlich hinterher. Deshalb war auch der Zaun heruntergedrückt gewesen.

Ob sie wohl auf Osman gewartet hatte? Er streichelte das Schaf und redete liebevoll mit ihm als wollte er sagen, es wird schon gut, ich bin ja hier.
Osman war ganz schön müde, aber seine Arbeit

war noch nicht getan. Er nahm das kleine Schäfchen auf den Arm und untersuchte es gründlich. Er sah ein paar Schürfwunden, ein Beinchen war gebrochen. Trotz allem hatte es Glück gehabt, es hätte auch zu Tode stürzen können.

Osman nahm Zweige, er schiente das Beinchen. Er umwickelte alles mit Wolle aus seiner Jackentasche und steckte das Kleine unter seinen Umhang. Er sagte: Komm, Schaf, wir müssen nach Hause. Langsam unter großen Schwierigkeiten zogen die Beiden den steilen Berg hinauf, weiter und weiter. Kälte spürte Osman nicht mehr.

Da war endlich sein bescheidenes Lager. Die Herde war ganz ruhig. Osman drehte sich in seine Decken und Felle und nahm das Kleine darunter. Das Mutterschaf legte sich sofort neben ihn und alle drei schliefen fest ein, obwohl der Morgen im Osten graute.

Als einige Nomaden aus dem Karawanserail an der Herde und dem Hirten vorbeizogen, sagte einer: Schaut nur, Osman wird immer seltsamer. Jetzt schläft er schon mit den Schafen.

Ein anderer sagte: Laßt nur den Osman. Er ist der beste Hirte, den ich kenne!

Der kleine goldene Vogel

Es war einmal ein kleiner goldener Vogel. Er saß im goldenen Käfig, der stand in einem wunderschönen Raum. Alles war rot und in Gold, Samt und Seide. Die Sonne durchflutete den ganzen Raum und spiegelte wundersame Reflexe und Farben, es war warm, ruhig und fast ein Paradies.

Der kleine goldene Vogel war allein, er träumte vor sich hin. Seine Augen waren halb geschlossen. Er dachte an die Zeit als er noch ein kleiner Vogel war. Ausgesetzt der Kälte, Hackordnung und des Überlebens. Er dachte auch an den großen grauen Vogel, aber das war lange her. Bei den Gedanken begann der kleine goldene Vogel zu singen. Er konnte wunderschön singen, tirilieren, es war ein einziger Jubelklang, der den ganzen Raum erfüllte.

Leise ging die Tür auf und man hörte dem kleinen goldenen Vogel zu und war immer wieder beglückt von dem wundersamen Gesang. Doch bei den letzten Akkorden verließ man wie stets den Raum und war noch lange selig durchflutet. Der kleine goldene Vogel war ein wenig traurig, er steckte den Kopf unter die Flügel und weinte. Warum, fragte er sich, kann ich mich nur an die Herzen singen und nicht hinein?

"Der kleine, goldene Vogel"
Zeichnung von Stefanie Strohkörnle
13 Jahre, Hochdorf-Ziegelhof

Plötzlich ein heftiger Schlag, ein Klirren und Getöse.
Ein Baum war in die Scheibe gefallen, hatte alles mit
sich gerissen. Die schöne Stube war beschmutzt.
Alles lag durcheinander.

Wo war die Sonne, die Wärme? Der kleine goldene Vogel saß verstört in einer Ecke, sein schönes goldenes Federkleid hatte nun Flecken und Risse, der kleine goldene Vogel zitterte.
Doch er beruhigte sich und die Kälte ließ ihn wieder denken. Die Kälte brachte die Erinnerung von einst mit sich, vom Freisein, vom grauen Kleid, von der Hackordnung.

Die goldene Käfigtür war auch aufgesprungen. Der kleine Vogel sprang, hüpfte, flatterte, flog ein wenig, bis er endlich draußen auf einem Baum saß.
Er zitterte und wußte nicht war es die Kälte oder das Abenteuer, das ihn beben ließ.
Ein Rauschen ging durch die Luft. Mit kräftigem Flügelschlag ließ sich ein großer grauer Vogel neben ihm nieder.
Wie häßlich, dachte der kleine goldene Vogel und schaute zum Himmel. Er konnte die Wolken ziehen sehen und spürte die klare Luft.

Der große graue Vogel fragte: Was bist du für ein Vogel? Ich habe dich beobachtet. Du kannst ja nicht einmal richtig fliegen und zittern tust du auch. Er kam dabei sehr nahe zum kleinen goldenen Vogel. Eine nie gekannte Wärme und Stärke ging von dem großen grauen Vogel aus.

Der kleine goldene Vogel wurde ganz ruhig, er erzählte von seinem Leben in der Schönheit und in der Geborgenheit. Der große graue Vogel verstand das alles nicht. Er fragte: was kannst du? Wenn du nur Wärme brauchst, das Fliegen verlernt hast, zu was lebst du so?

Der kleine goldene Vogel sah jetzt, dass der große graue Vogel doch sehr schön war, stark und frei. Er lehnte sich an die warmen grauen Federn und begann zu singen.
Es war so still, nur noch das wundersame Singen und Klingen war zu hören, wie tausend kleine Glöckchen des nie gekannten Glückes, und durch den Wald zog ein Leuchten.

Der große graue Vogel war ganz verklärt.
Seine Stimme klang viel leiser als vorher. Als das Lied des goldenen Vogels zu Ende war, brauchte er eine ganze Weile um sich zu finden. Doch er schüttelte sich ein wenig und sagte: Nie habe ich so etwas gehört. Ich will dich oft so singen hören. Er flog mit lautem Flügelschlag davon.

Der kleine goldene Vogel war jetzt sehr allein, doch er fühlte sich glücklich. Er wartete viele Stunden, oder waren es Tage, bis der große graue Vogel wieder mit lautem Flügelschlag sich neben ihn setzte. Er redete von den großen grauen Vögeln, mit denen er sein Leben verbrachte, in der Kälte, in der Freiheit, in der Hackordnung. Da sein ganzes Leben so war, schien er zufrieden.

Dann sang der keine goldene Vogel. Er sang so schön, so befreit, so beglückt, dass auch heute der große graue Vogel ganz verzaubert war.

So ging es viele Male. Das Fortfliegen, danach gehörte wohl auch dazu und die Einsamkeit, die der kleine Vogel spürte.
Der große graue Vogel kam oft, um den schönen, fremden geliebten Gesang zu hören. Doch er sprach immer öfter von den großen grauen Vögeln, die sein Leben waren.

An einem Abend, als die ersten Schneeflocken auf die Erde fielen und es besonders klar und rein in der Luft war, stülpte sich plötzlich ein Netz über den kleinen goldenen Vogel. Wie sehr er auch flatterte, sich wehrte, er war gefangen.
Am Himmel flog ein großer grauer Vogel in weiten Bögen dahin. Warme Hände setzten den kleinen goldenen Vogel wieder in den goldenen Käfig zurück. Der Raum war gerichtet und schön wie einst.

Der kleine goldene Vogel wusste nicht, was er tun sollte. Er begann eine kleine traurige Melodie zu singen. Er dachte: Warum habe ich draußen nicht fliegen gelernt, warum bin ich nicht grau geworden und frei?

Man hörte ihm zu, wie er so sang, und sagte: Wir haben ihn zur rechten Zeit gefunden. Schau nur er weint, er sieht in die Kälte, sicher ist er glücklich wieder hier zu sein.

Am Morgen saß ein großer grauer Vogel am Fenster, aber die Scheiben waren so dick, daß man seinen Flügelschlag nicht hören konnte.
Voll Sehnsucht sang der kleine goldene Vogel, doch er merkte bald, dass der große graue Vogel nichts vernahm von dem Lied. Der Gesang wurde leiser und leiser. Der kleine Vogel dachte, warum holt er mich hier nicht heraus, bringt mir das Fliegen bei. Zerschlage die Scheibe, du bist doch so stark, dann atme ich in klarer freier Luft.
Der große graue Vogel behielt den wundersamen Gesang in seiner Erinnerung.

Der kleine goldene Vogel sang nie mehr so schön. Er konnte das nicht mehr.
Er war nur noch ein kleiner goldener Vogel.

Angelo

So, nun sollte also der Engel "Angelo" zu den Menschen auf die Erde, um zu lernen, was wichtige Aufgaben für ihn sind.
Es war so im Himmel beschlossen, weil Angelo zu viele Dummheiten machte.

Er rutschte die Sternenkette hinunter und landete geradewegs bei einem alten zerlumpten Mann, der an einem Feuer saß, Wein trank und Selbstgespräche führte. Das ist sicher nicht gut für den Mann, so viel zu trinken. Angelo blies das Feuer aus, damit der Mann nun schlafen gehen konnte.

Der alte Mann fing an zu jammern: Ich werde erfrieren, wieso ist mein Feuer ausgegangen? Was soll aus mir werden? Ich kann ohne Streichhölzer kein neues Feuer machen.
Angelo erschrak. Das war wohl doch nicht das Richtige gewesen. Er durchflog schnell eine Straße. Dort stand ein Gasthof offen. Angelo flog geradewegs in die Küche.

Oh ja, dort lagen Streichhölzer. Er nahm gleich eine ganze Schachtel und ließ sie beim alten Mann fallen. Der freute sich riesig. Jetzt mußte er nicht erfrieren.

Angelo flog nun dem Lärm nach. Vielleicht konnte er
hier eine wichtige Aufgabe erfüllen. Er hörte schon
von weitem, wie die Wirtin schimpfte: Einer muß ja
die Streichhölzer genommen haben. Wie soll ich
den Herd anmachen und für so viele kochen?
Die Gäste, rauhe Männer-Gesellen, schimpften mit:
So ist das. Uns verbietet sie das Rauchen, deshalb
haben wir kein Feuer bei uns, aber Hunger um so
mehr. Beeile dich, sonst gehen wir in ein anderes
Gasthaus."

Die Frau lief heulend auf die Straße. Da stand ein
Mann und rauchte eine Pfeife. Hier, sagte er, hast du
Feuer, ich habe noch mehr davon. Die Frau bedankte sich für die Streichhölzer und lief eilig in ihre
Küche.
Glück gehabt, dachte Angelo. Aber ich stelle doch
wohl mehr an als ich nütze.

Er flog an den nächtlichen Waldrand. Hier konnte er
nichts Unnötiges und Falsches machen. Er wollte
besonders gründlich nachdenken.
Was war denn das? Was krabbelte da durch die
Nacht?
Ein Igel suchte in der Dunkelheit nach Futter. Angelo
berührte die Stacheln mit seinen zarten Fingern, er
schrie auf: Das Tier tut ja weh, es sticht.

Der Igel sagte: Lass das, du dummer Engel. Angelo war neugierig. Er staunte über den schwarzen Knopf, den der Igel an der Nase hatte. Er schwebte über ihn und drückte kräftig darauf.

Jetzt begann der Igel zu schreien: Eine Unverschämtheit, einem die Nase plattzudrücken. Wie soll man sein Futter finden, wenn man nicht mehr riechen kann?

Ein Hase wurde wach: Was schreist du hier rum? Es ist Nachtruhe für viele Tiere!

Zwei Rehkinder wachten auf. Sie sprangen vergnügt auf die dunkle Wiese. Die Rehmutter schreckte auf. Sie empörte sich: Was soll das Geschrei? Wie bekomme ich nun meine Kinder wieder ruhig?

Jetzt hörte man das Zwitschern einiger Vögel. Es wurden schnell immer mehr: Ist schon Morgendämmerung, kiwi, kiwi? Nein! schrien die anderen Vögel dazwischen. Piep, piep! Tirililie!

Der ganze Wald war nun wach. Jedes Tier rief und pfiff auf seine Weise. Keiner wußte eigentlich, was los war, nur Angelo. Er flog schnell fort.
Was war nur mit ihm.

"Jetzt hörte man das Zwitschern einiger Vögel"
gemalt von Sina Krämer, Klasse 3b,
Schiller-Schule Filderstadt-Bonlanden

Er weinte: Wie soll ich eine wichtige Aufgabe finden? Es ist wirklich zu dumm. Er legte sich hinter einen Strauch an einen kleinen See und schlief ein.

Die Sonne stand schon hoch am Himmel, als Angelo erwachte. Er sah drei Menschen kommen. Sie sahen den See. Hier bleiben wir, sagte die Frau zu ihrem Mann. Ja, hier ist es sehr schön, sagte er.

Sie breiteten Decken aus, stellten Schüsseln mit Essen darauf, dann Becher und Flaschen. Es sollte ein schönes Picknick werden.
Das Kind spielte am See. Es warf Steine hinein und freute sich über die lustigen Ringe auf dem Wasser, die immer größer wurden.

Ein kleines Stück Wurzel schwamm dadurch bis fast ans Ufer. Das Kind bückte sich danach und fiel kopfüber ins Wasser. Es ruderte und planschte im See. Angelo erschrak sehr. Beherzt packte er das Kind und zerrte es ans Ufer.

Das Kind begann nun zu schreien und zu husten. Die erschrockenen Eltern eilten herbei. Sie nahmen ihr Kind auf den Arm, klopften und küssten es zugleich. Dann zogen sie ihm die nassen Kleider aus und rieben es trocken.

Die Mutter sagte immer wieder: Du musst besser aufpassen. Heute war dein Schutzengel bei dir, aber der ist nicht immer in deiner Nähe. Du hast, Gott sei Dank, Glück gehabt mit dem Schutzengel sagte auch der Vater.

Angelo hörte das alles. Er freute sich sehr. Nun hatte er doch einmal etwas richtig gemacht.

Als er so nachdachte, kam ihm eine großartige Idee. Er schlug vor Freude einen Purzelbaum im feuchten Moos. Er hatte eine wichtige Aufgabe gefunden. Von nun an war Angelo da, wo Kinder spielten. Er behütete und beschützte sie, wo immer er konnte. Immer wieder hörte er sagen: Gott sei Dank, Kind, dass dein Schutzengel bei dir war!

Geschichten der Hirten am Feuer

Die Herde Schafe war versorgt. Sie lag ruhig. Die Hirten konnten Feierabend machen. Sie setzten sich an ihr Feuer und genossen den stillen, friedvollen Abend.

Sie saßen da und schauten in das knisternde Feuer. Überall schlugen kleine und große Flammenzungen heraus.

Es sah aus, als tanzten rote und gelbe Gnome mit beinahe weißen Elfen. Kleine Funken sprühten wie feiner Regen weit herum. Sie erhellten immer wieder den dunkel werdenden Abend. Es war mild, die Luft roch gut nach Holz und Kräutern. Keiner der Hirten hatte Lust, schon schlafen zu gehen.

Der jüngste Hirte sah verträumt in die Flammenglut. Er unterbrach die Stille:

Wißt ihr noch, wie ich zu euch kam? Es ist heute genau drei Jahre her. Ein halbwüchsiger Bettlerjunge war ich, der kein Zuhause hatte. Auf der Straße lebte ich. Wenn ich nichts erbettelt hatte, stahl ich einfach etwas. Mein Hunger war immer groß, ich kannte nichts anderes.

"Die Hirten am Feuer"
gemalt von Dominik Schustek, Klasse 3a,
Grundschule Jesingen

Einmal erwischte mich der Bäcker, als ich ihm einen ganzen Laib Brot nahm. Er rannte schimpfend hinter mir her: Gesindel! Diebespack!

Meistens war ich sehr schnell, ich war ja im Training und kannte ja auch alle Schlupfwinkel. Aber der Bäcker rannte in riesigen Schritten hinter mir her.

Als ich das Wäldchen erreicht hatte, war ich außer Atem. Ich rannte und rannte weiter, den Laib Brot hielt ich fest unterm Arm. Nun blieb ich stehen. Hinter mir war kein Geräusch zu hören. Es war geschafft!

Mir war klar, in das Dorf konnte ich so schnell nicht mehr zurück. Hier, genau hier, in diesem kleinen Tal, sah ich eine Feuerstelle. Euer Feuer.

Die Hirten waren überall gut zu mir. Oft gaben sie mir einen Tee, dann durfte ich die Nacht über bei ihnen bleiben.

So zog ich schnell auch auf dieses Feuer zu. Ihr beiden seid dagesessen und habt gestaunt, was da für ein schmutziger Bengel auftaucht. Ihr habt gelacht und gesagt: Setz dich erstmal und ruhe dich aus. Dann erzähl', was passiert ist.

Später erzählte ich alles, und ihr habt noch mehr gelacht. Den Laib Brot hielt ich immer noch ganz fest: Komm, Bub, gib uns von deinem gestohlenen Brot, dann haben wir alle für heute weniger Hunger und haben alle gleich viel gesündigt.

Zu dritt trägt sich's leichter.

Dann fragtet ihr mich, ob ich bleiben will, bei euch arbeiten, mein Brot ehrlich verdienen, nie mehr stehlen. Aber zuerst müsse ich im Fluss baden.
Es ist schön, dass es euch gibt. Danke!

Als ich jung war, erzählte der zweite Hirte, der sich nun ein Schaffell umgewickelt hatte, da nahm mich mein Großvater immer mit zum Schafehüten.

He, Junge, leg Holz nach! Es wird nun doch kühler.

Dann erzählte er weiter: Ja, mein Großvater war ein lieber, gütiger alter Mann. Er zeigte mir alles, was man über Schafe wissen muss. Auch wie man in der Einsamkeit zufrieden leben kann. Allerlei Kräuter lernte ich kennen. Wenn ich später 'mal krank würde, war das sehr wichtig. Aber das geschah selten. Wir waren ja alle abgehärtet vom Leben draußen, bei jedem Wetter.

Dass du mir ja immer Kupferdraht im Mantel hast. Auch unter der Strohmatte im Zelt muss ein Kupferdraht liegen. Das schützt vor Feuchtigkeit, vor Gicht und Rheuma. Vergiß es nicht, Bub!

Abends saß ich dann, wie wir, mit meinem Großvater am Feuer. Er redete nicht viel. Er saß da und schnitzte kleine Holzflöten. Na, ihr wisst schon, so eine, wie ich auch bei mir habe. Sie ist auch von meinem Großvater.

Er sammelte das Holz dazu unterwegs.

Abends schnitzte er. Die Späne flogen immer geradewegs ins Feuer. Es rauchte manchmal oder zischte ein wenig, wenn das Holz noch zu feucht war.

Blieb ein Stück übrig, wurde daraus ein kleiner weißer Vogel geschnitzt und mit einem Holzstift an der Flöte befestigt. Wenn eine Flöte fertig war, probierte er ihren Klang.

Ich rollte mich dann ins Fell ein. So schlief ich oft bei Flötenmusik ein.

Ja, ja, mein Großvater... Jetzt bin ich selbst so alt wie er damals.

Der dritte Hirte, vom Alter der Mittlere, sagte: Alles, was du von deinem Großvater gelernt hast, hast du an mich weitergegeben. Deshalb bin ich auch ein guter Hirte geworden. Denn man muss ja nicht nur Schafe hüten, sondern auch scheren, ihre Hufe schneiden, viel über Schafkrankheiten wissen und sie auch heilen können. Bis zu uns mal ein Tierarzt kommt, ist es meist zu spät.

Man muss den Alttieren beim Lammen helfen oder die kleinen Schäfchen, die schwach sind, über weite Strecken auf den Schultern tragen. Ja, und wenn man Schafhütehunde hat, müssen sie erzogen werden, damit sie wirklich eine Hilfe sind.

Kochen, Wäschewaschen, leider oft auch flicken, alles das muß ein Hirte lernen. Wichtig ist auch zu wissen, wann und zu welcher Jahreszeit man auf welche Wiese darf und warum das so ist.

Jetzt erzähle ich, wie ich Hirte wurde und zu dir kam, Alter.

Mein Vater war Dorfpfarrer. Wir waren elf Kinder. Drei Mädchen und acht Jungens. Gott, was war bei uns manchmal los. Mutter hatte meistens alles im Griff. Doch freute sie sich immer auf die großen

Sommerferien. Da mußte eines der Mädchen im Alten- oder Krankenhaus arbeiten.

Ein Junge wurde zu dir zum Schafehüten gebracht. Das war dann die Zeit, in der wir uns überlegen mußten, was wir einmal werden wollen. Das klappte auch meistens. Diese Ruhe und die Arbeit an frischer Luft haben uns schon zum Nachdenken angeregt. Wie viele Gespräche hast du mit meinen Brüdern geführt und ihnen geholfen, einen guten Weg zu finden.

Der Jüngste war ich, gerade vierzehn Jahre alt. Da wollte ich nicht mehr so recht zur Schule gehen. Vater schickte mich zu dir. Schau, was du dazu meinst, hat er zu dir gesagt. Es war von Anfang an gut und schön bei dir. Die Arbeit gefiel mir. Das Leben machte mir richtig Spaß.

Vater, sagte ich eines Sonntags, ich bleibe noch, will einfach noch mehr wissen, werde wohl Schäfer werden. Nach bestandener Lehrzeit hast du mich nicht fortgeschickt, sondern gesagt: Ich werde alt, brauche mehr und mehr Hilfe. So blieb ich und habe es nie bereut.

Der Kristall

Juan Carlos saß wie an jedem Tag, auf der Pliensaustraße in Esslingen. Den Rücken gegen eine Hauswand gelehnt, einen alten Schuhkarton zwischen den Beinen. Er ging, oder besser, saß seiner Lieblingsbeschäftigung nach: "Nichts tun!"

Juan Carlos war schon als kleines Kind mit seinen Eltern und Geschwistern aus Spanien nach Deutschland gekommen. Der Vater hatte in einer Fabrik Arbeit gefunden. Die Mutter putzte im Krankenhaus Krankenzimmer, Flure und Toiletten.

In die Schule war Juan Carlos auch in Esslingen gegangen. Am schönsten war es für ihn, aus dem Fenster zu schauen oder noch besser, Ferien zu haben.

Da durfte er einige Male zu seiner Oma fahren, die in Spanien lebte. Er hütete dort selten die Ziegen. Am liebsten saß er am Straßenrand in der Sonne und schaute den vielen Leuten zu.

Später, als Juan Carlos arbeiten sollte, wurde er bald wieder vom Meister entlassen: Faulenzer kann ich nicht gebrauchen!

Juan Carlos war ein lieber Mensch, aber einfach faul. Er tat wirklich nichts.

Zu Hause war bald kein Platz mehr: Essen und Trinken bekommt nur der, der arbeitet! sagten die Eltern. Also, das wollte er aber nicht.

So zog er unter die Neckarbrücke und schlief im Schlafsack. Er war fast immer zufrieden, wenn es nur nicht so oft kalt wäre.

In Spanien war es fast immer warm. Dorthin konnte Juan Carlos aber nicht, er hatte ja kein Geld.
Er hatte auch seit vielen Jahren die deutsche Staatsbürgerschaft.

So saß er den ganzen Tag auf der Straße. Er wartete, dass die Leute ihm ein bisschen Geld in den Kasten warfen. Manche Leute sahen ihn gar nicht. Sie hatten wohl viel zu tun und rannten schnell und geschäftig an ihm vorbei.

Kinder blieben stehen. Oft fragten sie ihre Mutter: Was macht der Mann da? Das ist ein Bettler, der keine Arbeit hat oder zu faul ist zum Arbeiten. Wer nicht arbeitet, hat kein Geld für Essen, Trinken, Wohnung und Kleider.

Die alten Leute, die oft selbst armselig aussahen, warfen Juan Carlos immer etwas in die Schachtel. So reichte es von einem Tag zum anderen Tag. Wenn Juan Carlos seine kleine Flöte hervorholte und ein paar Melodien spielte, blieben die Leute stehen, hörten eine Weile zu und warfen etwas mehr in den Karton.

Am Nachmittag ging er einkaufen. Danach unter die Brücke. Er fühlte sich ganz wohl. Es waren noch mehr Männer und zwei Frauen dort. Irgendwie hatten sie das gleiche Schicksal. Kein Geld und sie lebten auf der Straße. Das war eine Art Freiheit in Schmutz und Armut.

Manchmal, wenn sie alle zu viel Bier getrunken hatten, sangen oder stritten sie. An solch einem Abend waren alle sehr betrunken. Sie schrien und stritten sich. Das mochte Juan Carlos nicht. Er verschwand mit seinem bisschen Gepäck. Er ging durch die Straßen von Esslingen.

Es brannten nicht mehr viele Lichter in den Häusern. Auch die Schaufenster waren schon dunkel. Nur die Straßenlaternen gaben Licht. Die Leute schliefen schon lange. Ja, wenn man den ganzen Tag arbeitete, kann man nachts gut schlafen.

Juan Carlos setzte sich an eine Hauswand, seine Beine steckte er in den alten, schmutzigen Schlafsack. Er nahm seine kleine Holzflöte heraus und fing an zu spielen. Er dachte wieder über sich nach. Wenn man betrunken ist, geht das nicht so gut.

Jeden Abend schaute er zum Himmel hoch. Wenn du mir ein Zeichen gibst, damit ich weiß, dass du mich auch lieb hast, das wäre sehr schön für mich. Ich würde mein Leben ändern und Arbeit suchen, vielleicht.

Plötzlich ging ein Licht im Fenster über ihm an. Eine Frau war aufgewacht vom Flötenspiel. Sie öffnete das Fenster: Ich will schlafen! rief sie wütend und beschimpfte Juan Carlos: Anständige Menschen liegen in ihren Betten!
Juan Carlos blickte hoch und lallte: Anständig bin ich auch, nur meistens faul. Ich warte auf ein Zeichen von da oben. Dann, ja dann, änderte ich vielleicht mein Leben.

Die Frau nahm eine Kristallkugel und warf sie nach Juan Carlos. Das war wohl das Einzige, das sie zum Werfen erwischte: Da hast du dein Zeichen und nun verschwinde endlich, sonst rufe ich die Polizei! Unverschämtheit diese Ruhestörung!

"Der Kristall"
gemalt von Anja Bader,
9 Jahre, Hochdorf

Juan Carlos hatte die Kugel aufgefangen, stand auf, nahm seine Sachen und ging.

Aber nur bis zur nächsten Straßenlampe. Dort sah er sich bei Licht an, was die Frau auf ihn geworfen hatte.

So etwas Schönes hatte er noch nie gesehen. Alle Farben waren darin. Es glitzerte wie tausend Sterne und doch war es eine Kugel wie aus Glas. Er drehte sie hin und her. Er war überglücklich. Danke, danke! rief er in die stille Nacht, das ist mein Zeichen. Der da oben liebt mich auch.

Ob er wohl sein Leben geändert hat?

Von einem, der ausflog, das Fürchten zu lernen!

Ist es nicht ganz wunderbar, dass es starke Männer und Väter gibt, an die man sich bei Gefahr anlehnen kann? Schon fühlt man sich wieder sicher! Was, du kennst niemanden?

Wir jedenfalls haben bei Gewitter, Stromausfall, schlimmen Nachtträumen, Abendspaziergängen im Wald und vielen Dingen mehr so einen Mann greifbar. Manchmal allerdings nervt es schon ein bisschen, dass dieser liebe Mensch offenbar jede Situation meistert, und schnell alles im Griff hat.

Unser Siegfried ist ein großer Jäger, seine beiden Freunde noch mehr. Viele Erlebnisse aller Art haben die drei zu einer tiefen Freundschaft zusammen wachsen lassen. Ich will nur von einem Erlebnis berichten.

Die drei fuhren nach Alaska, nein natürlich flogen sie. Dann erst fuhren sie mit einem Boot. Nicht im Sommer, sondern im Herbst. In Alaska kann der Winter schon im September beginnen. Es wird für unsere Begriffe sehr kalt und Schnee fällt. Das Thermometer zeigt 5–10 Grad Minus an.

Die drei hatten ihr kleines Zelt in der Nähe des Novitna River, ganz in der absoluten Einsamkeit aufgeschlagen.

Das Feuer brannte Tag und Nacht. Ja, zu was?
Nun, zum Kochen, Wasser wärmen und zum Waschen. Aber ich glaube, so viel wuschen die sich gar nicht, denn schon beim Ausziehen klapperten die Zähne.
Also, doch wohl mehr zum Kochen und anderer Dinge, brannte das Feuer am Tag. Des Nachts brannte es, damit keine Tiere ans Zelt kamen. Auch für die Wache, die dick eingemummelt davor saß und sich wärmte.

Warum musste da einer von den Dreien, Wache halten? Es war doch absolute Einsamkeit, kein Mensch weit und breit. Die Tiere - was machte das schon, wenn die mal vorbeigingen zum Fluß?

Ja, was waren das für Tiere?

Zum Beispiel Bären, Bärenmütter mit ihren Jungen. Wenn man den Sicherheitsabstand nicht hält, werden sie sehr böse. Schon mancher Abenteurer hat das mit dem Leben bezahlt, und außerdem sind die Bären neugierig.

"Am Lagerfeuer in Alaska"
gemalt von Johanna Pahlke,
9 Jahre, Klasse 4c Kepler-Schule Schorndorf

Ihre Lebensmittel - sie hatten nur wenige - wollten die drei auch nicht teilen, deshalb wollten sie also keinen Bärenbesuch.

Elche, diese riesigen Tiere, die gar nicht hinschauen wo sie laufen und ebenso böse bei Störungen werden können. Die drei mochten auch diese nicht in der Nacht, um gar von ihnen übertrampelt zu werden, obwohl sie aus Sicherheitsgründen immer eine Waffe neben sich hatten, auch beim Schlafen.
Nun, es gab noch mehr Tiere. Alle diese Tiere

gehören auch hier her. Ihnen gehört der Wald, See und Fluß. Die drei waren die Eindringlinge, hatten eigentlich hier nichts zu suchen, sie rochen zudem fremd für die Tiere.

Es war dunkel geworden. Das Abendessen hatte geschmeckt. Es gab selbstgeangelten und -gegrillten Fisch, selbstgebackenes Brot und Tee, und über allem die Weite des Sternenhimmels.

Zwei waren in ihren sehr warmen Schlafsack gekrochen, hatten noch eine warme Mütze auf dem Kopf, sie schliefen bald in ihrem kleinen Zelt ein.

Der Dritte, auch dick eingemummt, warf immer wieder vom trockenen Holz ins Feuer, nicht viel, so dass es gerade brannte.
Er konnte das Flußufer sehen, noch spiegelten sich schwarz und bizarr die Bäume im bewegten Wasser. Es war nicht still, wie man meinen könnte.

Es raschelte da und dort. Ein lautes Krachen - der Ruf eines Nachtvogels - ein bisschen Gänsehaut - dann wieder Ruhe - neues Holz auflegen.
Eine Blechtasse austrinken. Rascheln, Rascheln, die Zeit floss langsam dahin.
Plötzlich ein schauerliches Heulen. Wölfe.

"Der Wolf"
Zeichnung von Onur Cekic,
9 Jahre, Klasse 4c Kepler-Schule Schorndorf

Nochmals, dann von einer anderen Richtung eine Antwort. Immer wieder das Heulen der Wölfe: Auhu!
Auhu – hu hu hu, in hohen Tönen. Siegfried bekam starke Gänsehaut, schnell mehr Holz auflegen.

Wieder das langgezogene Auhu – hu – hu! Es kam näher. Die Antwort kam auch näher; sonst kein Laut, kein Geräusch.
Jetzt waren die Wölfe ganz nah. Das erneute Heu-

len tat Ohren und Körper weh. Knacken, Knurren, Siegfried hatte Angst, schreckliche Angst. Im Geist sah er sich eingekreist von zähnefletschenden Wölfen.

Jetzt sah er Bewegung. - Vorbei - da, wieder ein Huschen in schwarz.
Nochmals das ohrenbetäubende Geschrei: Auhu – hu – hu – Ruhe. - Wieder schleichende Bewegungen, Knacksen. Dann das Schwarze, ganz nah, ganz groß, ganz schrecklich.

Siegfried nahm den Revolver er schoss in die Dunkelheit. - -
Nach dem Knall - Ruhe!

Im Feuerschein der Waffe hatte er nichts gesehen. - Ernüchterung. Nun standen zwei schlaftrunkene Gestalten neben ihm, als sie ihn berührten erschrak er noch mehr. Was ist los? Auf was hast du geschossen?, fragten sie.

Siegfried zitterte nun am ganzen Körper, er konnte kaum sprechen.
Wölfe, es waren Wölfe! Viele Wölfe! Sie waren hier.
Die Freunde nahmen ihn in den Arm, beruhige dich,

die Wölfe sind weit fort, hör doch nur!
Ja, das Geheule hatte wieder begonnen, weit weg.

Sie gaben Siegfried Tee: Trink und geh dann schlafen! Ein anderer übernahm die Wache.

Auch er sah nach längerem Dasitzen Bewegungen. Nur machte er immer wieder die Taschenlampe an. Er überzeugte sich. Es waren wirklich alles nur Wurzeln und Baumstämme, die sich im Licht des Feuers bewegten.

Der nächste Morgen war kalt. Kalt mit blauem Himmel und glitzerndem blau bewegendem Wasser. Die Birkenwälder hatten noch immer ihre wunderbare schöne goldgelbe Färbung, der Indiansummer.

Die drei frühstückten. Sie waren glücklich und zufrieden in ihrer unendlichen Einsamkeit. Später am See sahen sie einen Elch wie er durchs Wasser lief und dann graste.

Keiner erwähnte den Schuss gegen eine große Wurzel, denn sie kannten alle drei

- - - "Angst " - - -

Der Ochse Nagoso

Ich will dir eine Geschichte aus Japan erzählen. Vom Ochsen Nagoso. Er war ein starker, gut aussehender Ochse. Er lebte auf einem großen Hof mit viel Feldern, Wiesen und wunderschönen Seen, herrlichen und zierlichen Brücken. Alles war eine reiche Pracht.

Nagoso hatte drei persönliche japanische Diener, die nur für die Pflege von Ochsen – und zwar von besonderen Ochsen – ausgebildet waren. Sie bürsteten ihn, bis kein Stäubchen mehr in seinem Fell war. Sie fetteten seine Nase und seine Augenränder und rieben sie sanft aus. Auch seine Hornhufe wurden gepflegt, gefeilt und schwarz gefettet.

Jeden Tag bekam er dreimal frisches Stroh. Das beste Futter natürlich auch. Nie war eine Fliege in seiner Nähe und andere Kühe oder Ochsen leider auch nicht. Nagoso hatte oft schreckliche Langeweile. Er wusste nicht so recht, wozu er auf der Welt war. Das heißt manchmal doch.

Zum Beispiel abends, da kam sein Herr und Besitzer. Es war der reiche Herr Hatschitoto. Er besichtigte alles und schimpfte, wenn etwas nicht in Ordnung war. Er fand auch immer etwas. Dann knallte er mit einer kleinen Peitsche herum. Alle hatten Angst. Sie hatten sich doch so viel Mühe gegeben.

Nur seinen Ochsen Nagoso streichelte Herr Hatschitoto. Das tat dem Ochsen gut. Er freute sich auch, wenn Herr Hatschitoto liebevoll sagte: Du bist mein größter Schatz, du bringst mir auf jeder Ausstellung bares Geld und Ruhm. Ich wünsche dir und mir ein langes Leben!

Das war die eine Sache!

Dann war da noch die Ausstellung.
Nagoso wurde noch mehr gepflegt. Ein dicker Blumenkranz wurde um seinen starken Hals gelegt und auf jedes Kopfhorn kam ein Goldhütchen, das in der Sonne glänzte. Es kamen viele hohe japanische Ochsenkenner.

Sie besichtigten Nagoso von allen Seiten und machten ständig viele Verbeugungen vor ihm. Sie klatschten Beifall, ja manche rieben ihre Nasen an die von Nagoso. Das sollten Küsse sein.

Wenn das große Theater vorbei war, hatte Herr Hatschitoto mehr Geld oder Yen im Beutel als je zuvor.

Nagoso hatte dann die zweihundertfünfundsechzigste Ehrenurkunde und wieder eine Weile Ruhe. Herr Hatschitoto lächelte dann ständig. Nachts zählte er sein Geld und trank Sake, zu viel Sake.

Er sagte dann zu sich selbst: Hatschitoto, du bist der mächtigste Mann in Japan. Du bist größer als die größten Konzerne in Japan.

Am nächsten Tag tippte er auch persönlich auf seinem Computer. Dann bestellte er das hundertdreizehnte Auto. Diesmal ein Auto ganz in weiß mit roten Ledersitzen, den Lexus.

Alle Leute konnten nun sehen, wie reich Herr Hatschitoto war. Das ging auch viele Jahre gut. Bis der Ochse Nagoso so große Langeweile hatte und ihm das gepflegte Leben zuwider war.

Er brüllte los und trat mit heftigen Huftritten gegen die wunderschöne, echte Holzmassivtür, die in viele Stücke zersplitterte. Er brüllte und tobte weiter.

Er wollte endlich mit seinem Schwanz selbständig Fliegen vertreiben und durch große Reisfelder gehen, wie es sich für einen japanischen Ochsen gehört.

"Der Ochse Nagoso"
gemalt von Martin Dichte,
9 Jahre, Klasse 3, Montessori-Schule Kößlarn

Seine persönlichen Diener kamen angerannt. Sie verbeugten sich viele, viele Male vor ihm. Sie weinten, sie baten ihn, doch aufzuhören und versprachen noch besser für ihn zu sorgen. Doch Nagoso tobte weiter. Die Diener mussten zurückweichen. Nun rannte Nagoso durch den ganzen Stall. Er schlug mit seinem Kopf, auf dem kräftig gebogene Hörner waren, gegen die bildschönen Wände, so dass die rosa und zartgrüne Seide in Fetzen umherflog. Er wollte den Leuten nichts tun, er wollte nur hier raus. Er wollte leben wie andere Ochsen von normalen Japanern.

Das Geschrei der Diener und das Gebrüll und Getöse von Nagoso waren weit zu hören. Immer mehr Leute kamen dazu gelaufen. Sie versuchten es erst mit Lächeln und vielen, vielen Verbeugungen. Es half nichts. Nagoso ließ sich nicht beruhigen. Dann rannten die Leute um ihr Leben und weinten. Plötzlich stand Herr Hatschitoto-San vor seinem tobenden Goldochsen Nagoso. Der scharrte mit seinem Fuß, dass der Staub nur so aufwirbelte und nahm Anlauf auf Herrn Hatschitoto-San. Der warf in seiner Not einen Säbel den er in der Hand hatte, auf Nagoso zu und rannte, was er rennen konnte. Im Haus angekommen telefonierte er hastig. Man sollte Nagoso in den Schlachthof bringen. Wer ihn dorthin brachte, sollte das Geld hierfür behalten können. Nur sollte ihn endlich jemand fort holen: er bekommt noch Geld obendrauf. Herr Hatschitoto-San schrie in einem fort: Der Ochse ist wahnsinnig. Ich will ihn nicht mehr sehen.

Der alte Gärtner hatte alles mit angesehen und gehört. Er ging in den Hof, wo Nagoso getobt hatte, denn es war still geworden. so ganz still. Am linken Vorderbein des Ochsen Nagoso steckte ein großer Säbel. Auf dem Hof war eine große Blutpfütze. Der Ochse sah sehr traurig aus. Der Gärtner überlegte nicht lange, holte einen Verband, einen Sack und mehrere Stricke aus dem Stall. Er zog den Säbel heraus, machte schnell und geschickt einen Verband und darüber Sackleinen und Stricke. Er sprach sehr liebevoll und ruhig zu dem Tier. Den nächsten Strick legte er dem Ochsen um den Hals und sagte nur: Komm!

So gingen beide langsam, ruhig und ein wenig humpelnd vom Hof. Nur Herr Hatschitoto-San sah es vom Fenster aus. Er war froh, dass der Ochse fortgeführt wurde.

Der Gärtner sprach ganz ruhig mit dem Ochsen: Wir beide werden leben, richtig leben. Ich gehe mit dir nach Hause zu meiner Frau und zu den zehn Kindern und deren Kindern. Ich war schon lange nicht mehr dort. Endlich brauche ich nicht mehr Gärtner zu sein. Nun habe ich einen starken, wunderbaren Ochsen. Ich kann dich vor den Pflug spannen und meine großen Reisfelder selbst bestellen. Wirklich herrlich der Gedanke und dich als Ochsen. Nur, - einen so schönen Stall hast du nicht mehr. Es zieht auch ein wenig dort und das Stroh ist ebenfalls knapp. Aber abends, wenn du müde bist vom Laufen durch's Wasser und immer der Pflug hinter dir, bekommst du gutes Fressen, wirst mit Stroh trocken gerieben und mit deinem Schwanz mußt du Fliegen verjagen. Ja, und dann kommen noch die Kinder und Enkel, die dich streicheln und reden und reden.

Na, du wirst froh sein, wenn sie endlich gehen und du dann deine wohlverdiente Ruhe hast. Auch ich werde glücklich sein, immer bei meiner Familie.

Der Ochse hörte alles. Nun begann für ihn ein richtiges Ochsenleben! Er begann schneller zu humpeln. Der alte Gärtner hatte Mühe Schritt zu halten: He, he, nicht so schnell! Wir kommen noch früh genug nach Hause, mein Ochse!

Simon Sauerkohl

Simon war wütend, wieder reichte das Geld nicht. Er durfte also wieder nicht mit den anderen Kindern ins Zeltlager fahren.
Natürlich wusste er, dass sein Vater keine Arbeit mehr hatte, warum hatte auch die blöde Firma pleite gemacht. Seine Mutter arbeitete viel und an vielen Stellen, aber es reichte nicht. Drei Kinder brauchten viel Essen und Kleidung. Oft bekamen sie auch Sachen von Nachbarn geschenkt.

Simon war trotzdem sehr wütend. Er schwang sich auf sein Fahrrad und fuhr darauf los.

Wohin? Ja gut, er fuhr in den nahen Wald.
An einem einsamen Platz mit viel Gestrüpp und großen Wurzelbergen warf er sein Fahrrad hin. Er stampfte wütend mit den Füßen auf den Boden, trat gegen Äste, Laub und Wurzeln.
Dann setzte er sich hin und heulte laut los.

So ein Mist! He, he, was soll das denn sein? Ich bin auch sauer, aber so etwas sagt man nicht.
Simon schaute auf, wer redet da mit mir?
Er sah niemanden. Jetzt werde ich auch noch verrückt und höre Stimmen, sagte Simon laut.

Nein, nein, so schnell wird man nicht verrückt, sagte wieder die Stimme.
Zeig dich doch, du Feigling, wenn du mit mir quatschen willst! schrie Simon.
Mach deine Augen auf, schau dich um, dann siehst du mich, du Brüllaffe.
Nun schaute Simon sich überall um. Da sah er plötzlich an einer Wurzel gelehnt einen kleinen Zwerg mit gelbem Mantel und grüner Mütze.
Hallo, bist du das, der da mit mir redet, Zwerg? flüsterte Simon.

Ja, und ich bin auch sauer, nicht nur du.
Die Kinder kommen nicht mehr in den Wald, ich kann sie nicht mehr beobachten. Ich weiß nicht warum sie nicht mehr kommen, sprach der Zwerg.

Das kann ich dir sagen, du Wicht. Es sind Ferien, fast alle Kinder sind im Urlaub, nur ich nicht. Simon erzählte seinen ganzen Kummer, das tat ihm gut.

Der Zwerg hatte geduldig zugehört:
Simon Sauerkohl, jetzt zeige ich dir meinen Wald. Wenn es dir Spaß macht, kannst du morgen, übermorgen, überübermorgen und noch einen Morgen kommen, bis ich genug von dir habe.
Du kannst jeden Tag etwas lernen.

Der Zwerg, der immer in einem sehr barschen Ton
sprach, meinte, heute nehmen wir Bäume durch.
He, sagte Simon, das ist ja langweilig:
lernen – lernen – lernen, es sind außerdem Ferien.
Hör einen Tag zu, wenn es dir dann nicht paßt,
gehst du wieder nach Hause vor die Glotze und
kaust Chips, o. k.?
Hallo du, häng nicht rum! Sag mir, was das hier für
ein Baum ist.
Das weiß doch jedes Baby. Das ist eine Birke, sieht
man am fast weißen Stamm.
Oh, das ist schon ganz toll, Simon, was du weißt.
Ja, die Rinde ist blättig weiß mit grauen rissigen Stellen. Es ist der Baum der Freundschaft. Wir wollen
hier Freundschaft schließen. Gib mir deine Hand.
Mit der anderen Hand berührst du den Stamm der
Birke. Es ist schon ein alter Baum, ein Riese, der gibt
auch uns Kraft.
Wie so sagst du, ein Riese?
Bei mir sind sehr große Bäume "Riesen", mittlere
Bäume "Zwerge", ganz kleine Bäume "Wichte", so
kann man sich den Größenunterschied gut merken.
Immer noch hielten beide ihre Hände ineinander
und an die schöne alte Birke. Sie hatte viele zarte
Blätter; sie sahen aus wie bebende Herzen.
Weißt du, wie die Birken an diesen Platz kommen?
A – a – a, die ist gepflanzt von Förstern oder so.

Falsch, diese Birke und da die Weide, nein, da der dicke Baum mit den schmalen langen Blättern, auch drüben der Ahorn, der mit den handflächengroßen zackigen Blättern, sie sind alle hierher geflogen.
Sie ließen ihre Hände los.
Ha, so ein Quatsch, Bäume können doch nicht fliegen. Simon schüttelte sich vor Lachen.
Hör auf zu lachen, keifte der Zwerg böse.
Nicht die Bäume sind geflogen sondern ihre Samen. Er wurde durch den Wind bis hierher getragen. Im Frühling, wenn alles blüht, blühen auch die Bäume, jeder auf seine Weise. Wenn der Samen reif ist, lässt der Wind ihn irgendwohin wirbeln und fallen.
Dieser Flugsamen hat sich einen feuchten Platz gesucht und konnte hier keimen.
Ganz langsam ist hier ein neues Wichtbäumchen gewachsen.
Es gibt aber auch Samen, die können nicht fliegen, zum Beispiel Kastanien, Eicheln, Bucheckern. Die werden oft von Tieren verteilt, die diese fressen wollen und dann wieder fallen lassen. So keimen sie an verschiedenen Plätzen. Aber bei diesen Bäumen schlägt auch ein neues Bäumchen oft dicht am Stamm oder an einer alten Wurzel wieder aus.
Da gibt es mehr Möglichkeiten. Steck doch im Herbst mal eine Kastanie oder Eichel in feuchte Erde oder in einen Blumentopf und beobachte geduldig.

Auch du wirst einen neuen Baumwicht erleben.
He, Zwerg, das ist irre gut. Das habe ich alles nicht gewußt.
Plötzlich sagte der Zwerg: Geh jetzt nach Hause, ich habe genug von dir für heute. Du hast schon sooo viel gelernt, und fort war er.
Simon fuhr mit seinem Fahrrad ganz beglückt nach Hause.Dort nahm er Papier und Stifte. Er schrieb alle Laubbäume auf, die er nun kannte: Eiche, Kastanie, Buche, Birke, Ahorn, Weide. Im Biologiebuch entdeckte er Pappeln, Erlen, Ulmen.
Dann malte er die Blattformen und die dazugehörigen Samen der Bäume ab, alles wurde nun bunt angemalt, es sah echt gut aus.

Am nächsten Tag war Simon sehr fröhlich beim Frühstück. Dann schwang er sich auf sein Rad. Er fuhr wieder in den Wald an eine bestimmte Stelle. Er setzte sich auf eine Wurzel und pfiff vor sich hin.
Was willst du denn schon hier, fragte plötzlich die Zwergenstimme hinter ihm.
Hallo, Zwerg! Weißt du auch was über Nadelbäume?
Na klar, ich weiß alles!
Hier fass mal den Nadelbaum, der Fichte heißt, an.
Die sticht ja, sagte Simon.
Genau, Fichte sticht, hier die Edeltanne nicht. Simon griff auch in die Tanne mit den flacheren Nadeln.

Das ist lustig:
Fichte sticht, Tanne nicht!
Fichte sticht, Tanne nicht!
Fichte ...
Hör auf, jetzt weißt du es ja. Wenn du´s mal vergisst, greifst du in die Nadeln und dir fällt es wieder ein. Die Zapfen von der Fichte hängen herunter und fallen ganz ab im Herbst. Bei den Tannen stehen sie wie Kerzen nach oben und der Samen fällt einzeln ab. Später der Rest mit dem fast nackten Zapfenstiel. Auf der Erde keimen danach auch viele Wichte heran, dann sind es Zwerge und später, wenn genug Platz und Licht da ist, können daraus neue Riesen werden.
Weißt, du Simon, warum der Wald so wichtig ist?
Na, klar, er ist Lebensraum für viele Tiere, außerdem aus Holz wird ganz viel gemacht.
Ja, das schon, aber jeder Baumstamm hat eine andere Härte, deshalb macht man ganz verschiedene Sachen aus seinem Holz.

Hier zum Beispiel. Die Rotbuche, sie ist die "Mutter" des Waldes und ein wunderbarer Schattenspender. Aber bei Gewitter darf man sich nicht unter sie stellen, warf Simon ein.
Das ist nicht ganz richtig. Bei Gewitter soll man überhaupt sehr schnell den Wald verlassen und lieber

auf offenem Feld in einen Graben hocken. Denn Gewitter und Sturm bringen noch viele andere Gefahren in den Wald.

Nun zu der Härte des Stammes. Aus der Rotbuche kann man Bahnschwellen, Sperrholz, Möbel, Werkzeugstiele, Spielsachen, aber auch Brennholz und Kohle herstellen.

Bei der Stieleiche ... - warum heißt sie "Stieleiche"? fragte Simon.
Schau mal den Samen an. Am Ast ein kleiner Stiel, daran eine Art kleiner Pfeifenkopf und darin die Eichel. Der Stiel ist etwa 3 cm lang. Daher der Name "Stieleiche".
Sie ist der größte "Riese" im Wald. Aus dem Holz kann man starke Dinge machen: Fässer, Möbel auch Pfosten für den Garten, Planken und den Rumpf von Schiffen, denn das Holz hält sehr lange und darf nass werden.

Die Rinde wird auch noch zum Gerben von Leder verwendet. Die Eiche ist ein super starker "Riese" und die stolze Würde jedes Försters.
Aber eigentlich waren wir ja bei den Nadelbäumen. Die Kiefer da drüben mit den sehr langen, ein bisschen einzelnen stehenden Nadeln, sie hat kleine,

fast runde Zapfen, sie ist auch ein schöner Baum.
Ihre Wurzeln gehen senkrecht in die Erde wie ein Pfahl.
Aus ihrem Stamm kann man auch Pfähle machen.
Aber auch Türen, Fenster, Schränke und vieles mehr.
Noch was, Nadelbäume bleiben immer grün, Laubbäume werfen ihre Blätter im Herbst ab.
Die Lärche ist auch ein Nadelbaum, aber schau in deinem schlauen Biologiebuch nach, was die macht.
Mir reichts für heute, sagte der Zwerg in seinem üblichen barschen Ton, und weg war er.

Simon stieg auf sein Rad und sang vor sich hin: Fichte sticht, Tanne nicht, Kiefern lange Nadeln, kleine Zapfen. Am Abend, als er auf seinem Bett lag, schweifte sein Blick durch das Zimmer, ihm war noch nie auf gefallen, was alles aus Holz war, er mußte doch sehr staunen.

Am dritten Tag war es sehr heiß.
Eigentlich könnte Simon ins Freibad gehen, aber es reizte ihn doch zu sehr, zu erfahren, was der Zwerg diesmal auf Lager hatte.
Im Wald legte er sich auf die ihm schon vertraute Stelle auf das noch feuchte kühle Moos. Der Zwerg hatte ihm auch erzählt, wie wichtig der Wald zur Luftreinigung und als Wasserspeicher ist.

"Simon überlegte. Was hatte der Zwerg gesagt?"
gemalt von Sarah Bäumle,
11 Jahre, Naturschutzjugend Zelll u. A.

Simon lag auf dem Rücken, die Arme unter seinem Kopf. Über ihm der blaue Himmel. Es war wirklich kühl und angenehm. Simon überlegte, was hatte der Zwerg gesagt? Bäume kann man sich in Stufen merken, oben die Krone, dann Äste, nun den Stamm und unten die Wurzel.

Es war still im Wald. Am Himmel flog ein sehr großer Vogel, er sah aus, als hätte er den Hals gebrochen. Zwerg, wo bist du? rief Simon in die Stille. Schrei nicht herum, die Tiere erschrecken. Das ist schließlich ihr Zuhause und nicht deines. Benimm dich wie ein Gast, antwortete der Freund.
Schau doch nur, Zwerg, schau der Vogel da oben hat einen gebrochenen Hals!
Quatsch, nur verbogen: Weil der Hals so lang ist, knickt er ihn einfach ein, sonst könnte er bei dem Luftstrom oben seinen Kopf nicht halten. Schau, er hat auch ganz lange Beine, die legt er am Körper an wie zwei Ruder.

Schade, dass ich den Vogel gegen den Himmel fast schwarz sehen kann, sagte Simon.
Das sind die wirklichen Vogelkenner, die die Vögel am Flugbild gegen den Himmel erkennen, sagte der Zwerg. Du weißt doch jetzt, dieser hat einen sehr langen Hals und lange Beine, er ist ganz schön groß.

Sein Name ist Graureiher oder Fischreiher. Schon wieder zwei Hinweise. Er sieht gräulich aus und frisst gerne Fische, aber auch Eidechsen, Schlangen, Frösche und Mäuse. Na, weißt du, wo du den mal richtig sehen kannst? - Klar, auf Wiesen, Feldern, an Bächen, Seen und Gräben.

Die Angler finden den Dieb nicht besonders nett. Wieso? Die wollen lieber ihren Fisch selbst essen.

Bei dem Gespräch lagen die Beiden noch immer auf dem Rücken im kühlen Moos.

He, was ist das für ein Vogel? fragte Simon.

Sie sahen angestrengt zum Himmel. Der Vogel war mittelgroß, hatte spitze, in der Mitte eingebogene Flügel, einen kleinen Kopf, und der Schwanz sah aus wie ein zusammengeklappter Fächer, fast am Ende war ein schwarzer Streifen zu sehen.

Der Vogel schlug gleichmäßig mit den Flügeln im Takt rauf und runter, rauf und runter.

Er rüttelt, sagte der Zwerg. Das ist ein Turmfalke. Er steht in der Luft, durch den Flügelschlag bleibt er genau auf der Stelle. Gleichzeitig beobachten seine sehr scharfen Augen von der Höhe aus den Boden. Er sucht Beute, eine Maus oder einen anderen kleinen Vogel, er ist ein sehr geschickter Jäger.

Schau, sagte Simon, er stürzt ab. Mit angelegten Flügeln, pfeilähnlich, schoss der Falke zur Erde.

Jetzt hat er Beute gemacht. Er fliegt nun mit der Beute

an einen erhöhten Platz im Wald. Am liebsten legt er die Beute auf einen abgesägten Wurzelstamm. Dann rupft er sie und wirft das, was er nicht frisst, immer im Kreis um sich herum, es sieht lustig aus. Wenn du das findest, weißt du, hier war ein Falke beim Atzen (Fressen).
Simon gähnte. Ich habe ein Vogelbuch zu Hause, da werde ich mir noch mehr Vögel gegen den Himmel anschauen.
Ja, sagte der Zwerg, bei uns gibt es viele Vögel. Die Großen kann man sich am besten merken: Bussarde, Elstern, Habichte, Falken, Eulen, Raben, Eichelhäher und andere mehr. Wenn du die kennst, bist du schon fast ein Ornithologe .
Was ist denn das? lachte Simon.
Na, eben ein Vogelkundler, ein Ornithologe.

Am nächsten Tag saß der Zwerg verzweifelt und wütend auf einem Baumstamm und wartete auf Simon. Der kam gegen Mittag fröhlich angeradelt.
Hallo, Zwerg! Ich habe dir etwas mitgebracht. Das schmeckt dir bestimmt auch.
Der Zwerg schimpfte. Wo warst du so lange, der halbe Tag ist vorbei.
Ich musste mit meinen Eltern einkaufen, ihnen tragen helfen. Du kannst dir nicht vorstellen, was fünf Leute an Essen verputzen.

Der Zwerg machte den seltsamen Riegel auf, er gab
Simon das Papier zurück. Er biss kräftig in die Schokolade. Pfui! schrie er spuckend, Pfui! Was ist denn
das? Das klebt mir den Mund zu - meinen Hals - meinen Bauch - meinen Po - -i gitt, in der Schokolade ist
ja Klebkleister! Er schrie wild und stampfte mit den
Füßen auf den Waldboden.
Jetzt schrie Simon auch: Hör auf, du siehst aus wie
Rumpelstilzchen, hör auf zu schreien! Du hast es ja
schon ausgespuckt.
Hilfe! schrie der Zwerg, ich bin innen total verklebt,
pfui, was die Menschen alles essen, kein Wunder
werden sie oft krank.
Er rannte laut schimpfend zum nahen Bach und trank
kräftig Wasser. Dann lachte er schon wieder. Simon,
du "Klebmichzu", jetzt werde ich dir zeigen, was es
in meinem Wald Süßes zu essen gibt.
Sie gingen auf ein sehr wirres Gestrüpp zu. Die
Zweige von dem Gestrüpp blieben Simon an Hemd
und Hose, sogar an Händen und Haaren hängen.
Simon kämpfte sich durch, denn er sah schöne
schwarze Beeren leuchten.
Na, iss doch! sagte der Zwerg, das ist Natur pur.
Brombeeren heißen die vielen schwarz-blauen
Beeren. Simon schmeckten die Beeren wirklich gut.
Er lachte. Sie sehen aus wie kleine Kugeltürmchen.
Komm, Freund, gehen wir weiter.

Sieh, hier das Gleiche in Rot, nur nicht so fest, aber noch süßer. Lecker, Himbeeren.
Das Gestrüpp piekst auch nicht so schlimm, meinte Simon.
Hör auf zu jammern, stopf dir lieber den Mund voll. Los, gehen wir weiter. Brombeeren und Himbeeren kennst du ja nun.

Der Zwerg blieb an einem Busch stehen. He, Simon, heb mich mal hoch, normalerweise kann ich erst an diese Beeren, wenn sie reif sind und hinunterfallen. Reibe mal dieses Blatt zwischen deinen Fingern, riecht gut würzig, was? Daran erkennt man Schwarzen Holunder. Pflücke mal eine ganze Rispe mit den vielen Beeren ab. Nimm sie in deine Hand, mach eine Faust und press den guten Saft gleich in deinen Mund. Simon tat wie der Zwerg gesagt hatte. Nun bekommst du so schnell keinen Husten und kein Halsweh mehr, bei all den Vitaminen und dazu kostenlos von Mutter Natur.
Ich wollte dir noch sagen, es gibt noch mehr Beeren, die man essen kann: Blaubeeren, Preiselbeeren, aber leider nicht in meinem Wald. Vielleicht erfährst du etwas aus deinem Biobuch.

Simon stöhnte: Du machst einen Professor aus mir.
Der Zwerg nickte: Simon, merke dir, was du nicht

richtig kennst, das iss auch nicht, denn es gibt Beeren und Pilze, die giftig sind, besonders bei "Rot" ist immer Gefahr.
Danke, Zwerg! Es ist ganz toll, was ich alles in deinem Wald lerne. Tschüs, dann, du Wicht! Du hast recht, deine Beeren schmecken besser als der gekaufte Schokoriegel.

Am nächsten Morgen wäre Simon wirklich lieber ins Freibad gegangen. Sein Freund Ralf war aus dem Urlaub zurück. Er hatte angerufen, sie wollten sich um 11 Uhr treffen.
Simon liebte aber den Zwerg und den Wald inzwischen so sehr, dass er schon früh losfuhr, um dem Zwerg zu sagen, was er für heute vorhatte. Auf dem Platz, an dem sie sich immer trafen, lag ein Zettel, ein sehr schöner bunter Kieselstein lag oben auf. Simon las, er wurde glücklich und ein bisschen traurig zugleich:

Simon, ich bin weitergezogen. Du weißt jetzt schon so viel, andere Kinder noch nicht. Geh oft in den Wald, du wirst immer etwas entdecken.
Dein Zwerg, der nie mehr Schokoriegel isst.

Und ich lieber Waldbeeren, flüsterte Simon. Dann fuhr er zum Freibad.

1.12.1998

Liebe Frau Giesler,

die Geschichte vom Engel Angelo hat mir sehr gut gefallen. Am besten gefiel mir die Stelle, an der Angelo den Igel traf. Ich habe Ihnen auch ein Bild gemalt und hoffe, dass es Ihnen gefällt und dass Ihr neues Buch schön wird.

Viele Grüße

Dominik Rieger
und die ganze Klasse 3.b

*Dominik Rieger, 9 Jahre, Klasse 3b,
Schiller-Schule Filderstadt-Bonlanden*